गुफ़्तगू उस रात से

एक रात, अनगिनत सवाल, और मौन में छिपे जवाब.......

Tanay Saxena

BookLeaf Publishing

India | USA | UK

Made with ❤ on the BookLeaf Publishing Platform
www.bookleafpub.in
www.bookleafpub.com

Dedication

आख़िर एक रात क्या होती है? क्या यह सिर्फ़ अंधेरा है, एक गहरी शांति, या फिर कुछ और? यह सवाल तब मेरे मन में आया जब जीवन के शोर से थककर मैंने ख़ुद को रात की ख़ामोशी में समेट लिया। जब हम टूटते हैं, तो अक्सर सवालों से घिर जाते हैं, और उन सवालों के जवाब ढूँढने की कोशिश में हम उन्हीं चीज़ों से बात करने लगते हैं, जो आमतौर पर मौन रहती हैं।

इस पुस्तक को मैं उन सभी रात्रि के साक्षियों को समर्पित करता हूँ, जो अंधेरे में भी संवाद करते हैं, सुनते हैं, और सिखाते हैं।

उन चाँदनी रातों को, जिन्होंने अधूरेपन की सुंदरता समझाई।

उन तारों को, जिन्होंने सिखाया कि छोटी-सी चमक भी उम्मीद जगा सकती है।

उन बहती बूँदों को, जो कभी आँसू बनीं, तो कभी जीवन का आधार।

उन जुगनुओं को, जिन्होंने दिखाया कि नन्ही रोशनी भी अंधकार को हरा सकती है।

यह पुस्तक उन सभी तत्वों के लिए है, जो मौन रहकर भी हमें बहुत कुछ सिखाते हैं—चाहे वह हवा की सरसराहट हो, मिट्टी की ठंडक हो, या फिर आग की तपिश। हमें बस उन्हें सुनने और समझने की दृष्टि चाहिए।

और अंत में, यह पुस्तक उन सभी लोगों को समर्पित है, जो अंधकार से भागते नहीं, बल्कि उससे सीखते हैं। जो हर कठिनाई में भी अपने भीतर की रोशनी जलाए रखते हैं।

क्योंकि अंधेरा कभी भी अंत नहीं होता—यह एक नई शुरुआत की भूमिका भर है।

सप्रेम समर्पित,
एक रात्रि यात्री

Preface

रात सिर्फ़ अंधेरा नहीं होती। यह अपने अंदर कई कहानियाँ समेटे रहती है, कई रहस्य छुपाए रखती है। जब दुनिया सो जाती है, तब कुछ चीज़ें जागती हैं—कुछ आवाज़ें हल्की-हल्की गूंजती हैं, और कुछ चीज़ें हमें नए अर्थ समझाने लगती हैं। यह पुस्तक उन्हीं अनसुनी बातों की एक यात्रा है।

अक्सर हम दिन की भागदौड़ में उलझे रहते हैं, लेकिन असली जवाब हमें रात की शांति में मिलते हैं। जब मैंने चाँद को देखा, तो अधूरेपन की सुंदरता समझ आई। तारों ने सिखाया कि छोटी-सी रोशनी भी उम्मीद जगा सकती है। जुगनू ने दिखाया कि नन्हे प्रयास भी अंधेरे को हरा सकते हैं। आग ने जुनून और विनाश के बीच का संतुलन बताया, मिट्टी ने धैर्य सिखाया, हवा ने बदलाव का संदेश दिया और धरती ने प्रेम और सहनशीलता का पाठ पढ़ाया।

इस किताब में आपको इन सभी अनुभवों के रूप में लिखी कविताएँ मिलेंगी—कुछ गहरी, कुछ आसान, लेकिन हर एक में जीवन की कोई न कोई सीख छिपी होगी।

यह सिर्फ़ कविताओं का संग्रह नहीं है, बल्कि एक सफर है—रात की उन ख़ामोश सच्चाइयों को समझने का, जो हर रोज़ हमारे आसपास होती हैं, लेकिन हम उन्हें महसूस नहीं कर पाते। यह किताब उन सभी लोगों के लिए है, जो ज़िंदगी के सवालों का जवाब ढूँढ रहे हैं, जो अंधेरे से डरते नहीं, बल्कि उससे कुछ सीखने की कोशिश करते हैं।

मुझे उम्मीद है कि इस किताब में आपको अपनी किसी सोच, किसी भावना, या किसी अनकहे सवाल का जवाब मिल जाएगा। और अगर नहीं भी मिला, तो शायद रात को देखने का एक नया नज़रिया ज़रूर मिल जाएगा।

रात की ख़ामोशी में, हर उत्तर छिपा होता है—बस उसे सुनने का सलीका आना चाहिए।

-एक रात्रि यात्री

Acknowledgements

इस पुस्तक की यात्रा में मैं अकेला नहीं था। यह सिर्फ़ मेरे विचारों का नतीजा नहीं है, बल्कि उन अनगिनत अनुभवों, प्रकृति के तत्वों, और उन लोगों की देन है, जिन्होंने मुझे रात के रहस्यों को समझने की प्रेरणा दी।

सबसे पहले, मैं प्रकृति का धन्यवाद करता हूँ–उस चाँद का, जिसने अधूरेपन में सुंदरता दिखाई; उन तारों का, जिन्होंने सपने देखने की हिम्मत दी; उस हवा का, जिसने बदलाव की फुसफुसाहट सुनाई; और उस धरती का, जिसने प्रेम और सहनशीलता सिखाई। यह पुस्तक उन्हीं ख़ामोश संवादों से जन्मी है, जिन्हें मैंने हर रात महसूस किया।

मैं उन रातों का भी आभारी हूँ, जिन्होंने मुझे अपने सबसे गहरे सवालों से मिलवाया और उत्तर खोजने की प्रेरणा दी। हर अंधेरे पल ने मुझे एक नया दृष्टिकोण दिया, जिसने इस पुस्तक को आकार दिया।

इसके अलावा, मैं उन सभी पाठकों का दिल से धन्यवाद करता हूँ, जो इन शब्दों में अपनी भावनाएँ तलाश रहे हैं। अगर यह पुस्तक आपके मन को छू सके, आपके भीतर कहीं गूंज सके, तो यही मेरी सबसे बड़ी उपलब्धि होगी।

अंत में, मैं अपने परिवार, दोस्तों और अपने प्रिय एवं शुभचिंतकों का आभार व्यक्त करता हूँ, जिन्होंने मेरा उत्साह बढ़ाया और मुझे लिखने के लिए प्रेरित किया।

यह पुस्तक सिर्फ़ मेरी नहीं है, बल्कि हर उस व्यक्ति की है, जो अंधकार से संवाद करना चाहता है, जो सवालों से डरता नहीं, और जो जीवन के उत्तर खोजने की कोशिश कर रहा है।

-एक रात्रि यात्री

गुफ़्तगू उस रात से

थककर, हारा—ज़िंदगी से मारा, खुद से लड़ने आया हूँ,
आज इस एकांत अंधेरे से, दिल की बातें कहने आया हूँ।
क्या तू भी रंग बदलता है, जब सूरज ढलता जाए?
या दुःख का मारा तू भी है, जो दर्द का बोझ उठाए?
लड़ने का है पक्का इरादा, हर एक सवाल उठाऊंगा,
चाहे ढल जाए ये रात सुहानी, पर जवाब ले कर जाऊंगा।
हाँ, जलन सी होती है तुझसे, कैसे तू इतना शांत है?
लाख बदनामी तेरी जग में,पर फिर भी तू एकांत है।
बहुत रहा हूँ अंधेरों में, मेरे सवालों पर रोशनी दे,
क़िस्मत के हाथों जो बिखरा हूँ, अब मुझे संभलने दे।
क्यों मेहनत का फल ना मिला, क्यों हर दिन दुख सताए?
क्यों मुस्कुराहट छुप-छुप रोए, क्यों मन शोर मचाए?
क्यों हँसता चेहरा भी पलकों को गीला कर जाता है?
क्यों सूरज से ज़्यादा रात का आँचल शांति लाता है?
बातें होती रहीं, हवाओं में एक सुर बजने लगा,
ऊपर देखा तो चाँद भी जैसे हँसी छुपाने लगा।
बहुत हँस लिया चाँद, अब देख, तू चुप होगा,
तू शीतलता का प्रतीक सही, मगर आज तू भी रोएगा।
पन्ने मेरे सवालों के, अब तुझसे जवाब माँगेंगे,
तेरे शांत अंधेरों में, नए उजाले जागेंगे।

चाँद

चाँद—अंधियारे का राजा, सुंदर स्वरूप का तू एक भाग है,
तारीफ़ करते हैं सब तुझकी, जबकि तुझमें भी तो दाग़ है।
क्या दाग़ होने में बुराई है, या उसे मिटाना ही असली लड़ाई है?
हाँ, मुझमें भी दाग़ हैं, पर क्या उन पर रोना ही खुदाई है?
तू स्थिर रहकर भी लहरें उठाता, ये तेरी शक्ति का कमाल है,
या फिर किसी अनदेखे कर्ज़ का तुझपर कोई उधार है?
अच्छा, तू तो सदा चमकता है, तो बता मेरी रोशनी क्यों मुझसे दगा
करती है?
क्यों मेरा कर्म ही मुझसे बेवफ़ाई की बातें कहती है?
मैं तो तुझसे भी अधिक अभागा, जो किसी की रोशनी भी न चुरा
सका,
फिर भी तुझे 'चाँद' का ख़िताब मिला, और मैं एक सही इंसान भी न
बन सका।
क्या गलती थी मेरी, जो मेहनत से मैंने नाम कमाने की कोशिश की?
या गलती थी मेरी, जो सबकुछ पाने की कोशिश की?
तू क्या जवाब देगा मुझको? जानता हूँ तुझे चुप्पी लग गई,
पर देख—आज हवाएँ भी ठहर गईं...
जैसे उन्हें भी कुछ कहना था,
जैसे आज यह रात भी मेरे सवालों से डर गई।

हवा

मैंने पत्तों की सरसराहट सुनी,
एक हल्की सिहरन बदन पर उतर आई,
हवा अब मेरे चारों ओर थी,
जैसे उसके पास भी मेरे सवालों का कोई जवाब था।
"क्यों रुक गई तू, ओ बहती हवा?"
"क्या तुझपर भी बोझ है मेरे इन शब्दों का?"
"तू तो चलती रहती है, बेपरवाह, बेमक़सद,
फिर क्यों आज मेरी बातों ने तुझे भी थमा दिया?"
हवा ने मेरी बातों में उलझकर एक ठंडी साँस ली,
शायद वो भी थक गई थी मेरे साथ बहते-बहते,
"मैं भी कभी नहीं रुकती," उसने धीरे से फुसफुसाया,
"पर कुछ सवाल ऐसे होते हैं जो तूफ़ान ला देते हैं।"
"कहते हैं मैं स्वतंत्र हूँ, पर क्या मैं सच में हूँ?
मुझे दिशा दी जाती है, मैं बस चलती रहती हूँ।
तू सोचता है कि तू अकेला है,
पर मैं भी कभी अपना रास्ता खुद नहीं चुन पाई।"
"तू पूछता है कि क्यों मेहनत के बाद भी इंसान हारता है,
तो सुन, मैं भी बहकर कितनी बार रास्ता खो देती हूँ,
पर मैं थमती नहीं, चलती हूँ—क्योंकि यही मेरा स्वभाव है।"
मैंने एक गहरी साँस ली, और महसूस किया,

शायद यही जवाब था जो मैं खोज रहा था,
कि सवालों से लड़ने का एक ही तरीका है—
चलते रहना, बहते रहना, बिना रुके, बिना थके।
और उस रात, पहली बार,
मैंने न चाँद से, न हवाओं से,
बल्कि ख़ुद से बातें कीं...

पत्ता

फिर नज़र गई एक सूखे पत्ते पर,

जो ज़मीन पर पड़ा मुझे ताक रहा था,

कुछ दिन पहले जो शाख़ से लिपटा था,

आज वो धूल से सना हुआ पड़ा था।

"ऐ पत्ते, तू भी सुन, तुझे भी कुछ कहना है?"

"क्या तुझे भी मेरी ही तरह अकेला रहना है?"

"कल तक तू शाख़ों पर इतराता था,

आज जड़ों से कटा, बस मिट्टी में समाता है।"

पत्ता हल्की सी हवा में हिला,

फिर धीरे से मुस्कुराया और बोला,

"हाँ, मैं शाख़ों का अभिमान था,

लेकिन मैं गिरा, क्योंकि यही मेरी पहचान था।"

"तू सोचता है गिरना हार है, पर क्या तेरा सोचना सही है?

कभी बीज बनकर धरती में दबना भी, तो उगने की ही राह है।"

"जो गिरकर न उगे, जो टूटकर न बने,

जो बिखरकर संवर न जाए,

क्या वो जीवन को सही से जान पाए?"

"मेरा गिरना अंत नहीं, एक नई शुरुआत है,

मिट्टी में सड़कर, मैं फिर एक दिन पेड़ की पत्तियाँ बनूँगा।"

"तू भी गिरेगा, तू भी टूटेगा, तू भी कहीं खो जाएगा,

पर क्या तुझमें भी हिम्मत है, कि तू फिर से उग पाएगा?"

पक्षी

रात के इस सन्नाटे में,
अचानक दूर कहीं एक फड़फड़ाहट सुनाई दी।
मैंने नज़र घुमाई, तो देखा—
कुछ घायल पक्षी ज़मीन पर गिरे थे,
कुछ अंतिम साँसें ले रहे थे,
कुछ अब भी उड़ने की कोशिश कर रहे थे।
मैंने एक घायल पक्षी से पूछा—
"क्यों छटपटा रहे हो, जब अंत सामने है?"
"क्यों बार-बार आसमान की ओर देख रहे हो,
जब तुम्हारी उड़ान अब संभव नहीं?"
पक्षी ने कांपते हुए उत्तर दिया—
"हम उड़ने के लिए बने थे,
गिरने को हमारी नियति मत समझो।"
"हमारे पंख थक सकते हैं,
हमारी उड़ान धीमी हो सकती है,
पर आसमान की चाह कभी मरती नहीं।"
"अगर हमें मरना ही है,
तो भी हम आसमान की ओर देखकर मरेंगे,
धरती से नहीं, अपने सपनों से बंधे रहेंगे।"
"हम गिरेंगे, हम टूटेंगे,

पर जब तक जीवन है,
हम उड़ने की कोशिश करते रहेंगे।"
मैंने उनकी आँखों में देखा—
उनमें दर्द था, पर हार नहीं।
और तभी मैंने जाना—
संघर्ष ही जीवन का दूसरा नाम है।

मिट्टी

और फिर मेरी नज़र नीचे गई,
जहाँ मेरे पैरों के नीचे धूल, मिट्टी और कीचड़ थी।
जिसे हर कोई अपने पैरों से कुचलता,
जिसे कोई देखता तक नहीं।
मैंने झुककर मिट्टी से पूछा—
"ऐ धूल, तुझे कैसा लगता है?
तू तो सबसे नीचे है,
तुझे रौंदा जाता है, तुझे गंदा समझा जाता है।
क्या तुझे ग़ुस्सा नहीं आता?"
मिट्टी हँसी...
धीमी, मगर गहरी हँसी।
फिर बोली—
"मुझे क्या ग़ुस्सा आए, जब दुनिया मुझसे ही बनी है?"
"जो ऊँचाई पर हैं, वो भी एक दिन मुझमें ही मिल जाते हैं।"
"मेरा अपमान करने वाले भी मुझमें समा जाते हैं।"
"तेरी हड्डियाँ, तेरी दौलत, तेरा नाम—सब यहीं आने वाला है।
तू मुझसे ही जन्मा है, और तू मुझमें ही लौटेगा।"
"फिर क्यों इतनी बेचैनी, क्यों इतना संघर्ष?
जब अंत में तुझे भी मुझमें ही मिलना है?"

❈

पत्थर

मैंने झुककर पत्थर से पूछा—
"ऐ पत्थर, तू इतना कठोर क्यों है?
क्या तुझे कभी चोट नहीं लगती?"
पत्थर मुस्कुराया और धीरे से बोला—
"मैं वक़्त की मार से बना हूँ,
हर चोट ने मुझे और मज़बूत किया है।"
"मैंने सागर की लहरों का प्रहार सहा,
तेज़ आंधियों का उन्माद सहा,
तूफानों से टकराया,
पर मैं न टूटा, न झुका।"
"लोग मुझे ठोकर मारते हैं,
मैं फिर भी वहीँ पड़ा रहता हूँ।
शिकायत नहीं करता,
क्योंकि मुझे स्थिरता पसंद है।"
"पर मैं अडिग हूँ, इसका अर्थ यह नहीं,
कि मैं बदल नहीं सकता।
वक़्त की बूँदें जब मुझे सहलाती हैं,
तो मैं भी घिसता हूँ,
धीरे-धीरे आकार बदलता हूँ।
और एक दिन मूर्ति बन जाता हूँ,

किसी देवता का रूप ले लेता हूँ।"
"तू मुझे कठोर समझता है,
पर मेरे अंदर भी कोमलता है।
बस उसे देखने के लिए
तेरी दृष्टि को वर्षों का धैर्य चाहिए।"
मैंने पत्थर को छुआ,
उसकी ठंडक में कुछ अजीब-सा सुकून था।
शायद उसने सही कहा था—
**"जो सबसे कठोर दिखता है,
वो भीतर से सबसे शांत होता है।"**

तारा

रात के आँचल में झिलमिलाते सितारों से मैंने पूछा—
"ओ तारों, तुम इतने दूर क्यों हो?
क्यों इस अंधेरी रात में भी चमकते हो?"
एक तारा मुस्कुराकर बोला—
"हम दूर हैं, पर अकेले नहीं,
हर रात किसी न किसी की उम्मीद बनते हैं।"
"जब धरती का अंधेरा घना हो जाता है,
तो हम आसमान में उम्मीद की लौ जलाते हैं।"
"कुछ हमें देख मुस्कुराते हैं,
कुछ हमें देख अपने सपने सजाते हैं।
कुछ टूटते तारों से मन्नत माँगते हैं,
तो कुछ हमें देखकर जीने का हौसला पाते हैं।"
"हमारी रोशनी भले ही सालों पुरानी हो,
पर हम हर रात नए सपनों की रोशनी बन जाते हैं।"
"हम टूटकर भी किसी की दुआओं में बस जाते हैं,
क्योंकि उम्मीद का नाम कभी नहीं मरता।"
मैंने सिर उठाकर आसमान को देखा,
एक तारा टिमटिमाकर मुझसे बोला—
"अगर मैं जलकर भी किसी के सपनों को रोशन कर सकता हूँ,
तो तुम हारकर कैसे रुक सकते हो?"

रात गहरी थी, पर अब डर नहीं था,
क्योंकि तारों ने बता दिया था—
**"जहाँ सपने होते हैं, वहाँ रोशनी होती है,
और जहाँ रोशनी होती है, वहाँ उम्मीद होती है।"**

आग

रात की तन्हाई में जलती आग से मैंने पूछा—
"ओ अग्नि, तू इतनी बेचैन क्यों है?
तेरी लपटें आसमान को छूने की कोशिश क्यों करती हैं?"
आग लहराकर हँसी और बोली—
"मैं ऊर्जा हूँ, गति हूँ, जुनून हूँ,
मैं चलती रहूँ, तभी मेरा अस्तित्व है।"
"जो जलता नहीं, वो बुझ जाता है,
जो ठहर जाए, वो राख हो जाता है।"
"मैंने भक्तों के दीपक में जगह पाई,
मैंने ज्ञान की मशाल को जलाया,
मैंने चूल्हे में भोजन पकाया,
कभी किसी घर को उजाला,
तो कभी किसी जंगल को भस्म कर डाला।"
"मेरा रूप दो तरह का है,
एक जो सृजन करता है,
दूसरा जो विनाश लाता है।"
"अगर मुझे साध लिया जाए,
तो मैं सूरज की किरणों जैसी जीवनदायिनी बन जाती हूँ।
पर अगर मुझ पर काबू न रखा जाए,
तो मैं जंगलों की आग बनकर सबकुछ निगल जाती हूँ।"

मैंने लपटों को गौर से देखा,
उनकी तपिश मेरे चेहरे को छू रही थी।
आग ने फुसफुसाकर कहा—
"मैं जुनून हूँ,
पर अगर सीमा ना रखी जाए,
तो यही जुनून विनाश बन जाता है।"
मैंने एक चिंगारी उठाई और उसे बुझा दिया,
आग मुस्कुराई और कहा—
"सही समय पर बुझना भी एक कला है,
वरना आग भी राख बन जाती है।"
रात की ठंडी हवा में अब भी उसकी गर्मी बाकी थी,
पर अब मैंने समझ लिया था—
**"जुनून जब तक काबू में रहे, तब तक वह रोशनी है,
पर जब वो काबू से बाहर हो जाए, तब वह आग बन जाता है।"**

❈

बादल

रात के सन्नाटे में जब आकाश की ओर देखा,
एक बादल टहलता मिला—धीमे, शांत, मगर बेचैन।
जैसे किसी खोज में निकला हो,
या शायद अपनी ही पहचान में खोया हो।
मैंने पूछा, "ऐ बादल, तू कब तक यूँ ही भटकेगा?"
"कभी बरसेगा, कभी बहेगा,
तो कभी आकाश में यूँ ही चुपचाप ठहरेगा?"
बादल हँसा, हल्की गड़गड़ाहट के साथ,
"मैं तो बस प्रवाह हूँ, एक निरंतर यात्रा,
कभी आँसू बनकर गिरता हूँ,
तो कभी छाँव बनकर बिखरता हूँ।"
"मैंने धरती के तपते धैर्य को ठंडक दी है,
किसी प्यासे खेत की उम्मीद बना हूँ,
पर हाँ, कभी-कभी मैं घनघोर भी बन जाता हूँ,
तूफ़ान की गर्जना में खो जाता हूँ।"
"पर मैं ठहरता नहीं, मैं बहता हूँ,
कभी नदी का हिस्सा, कभी समुद्र की पहचान,
मैं वही हूँ जो बदलते मौसम को आकार देता हूँ,
फिर भी मुझे कभी स्थिर रहने का अधिकार नहीं।"
मैंने मुस्कुराकर सिर झुका लिया,

बादल से क्या शिकायत करता,
उसकी हर बूंद में एक कहानी थी,
और हर रूप में एक नई सीख।
रूप बदलने में कोई दोष नहीं,
हर बदलाव एक नए अस्तित्व की ओर इशारा करता है।
बादल की तरह जीवन भी तो यही है,
कभी हल्का, कभी भारी, मगर हमेशा गतिशील।

छाया

एक शाम चलते-चलते मैंने अपनी छाया से पूछा—
"ओ छाया, तू सदा मेरे साथ क्यों चलती है?
दिन में मेरे क़दमों से बंधी रहती है,
पर अंधेरे में गुम क्यों हो जाती है?"
छाया हौले से मुस्कुराई और बोली—
"मैं तेरी परछाई हूँ,
तेरी ही परिभाषा हूँ।
जहाँ तू है, वहाँ मैं हूँ,
पर मैं तेरे बिना कुछ भी नहीं हूँ।"
"सूरज की रोशनी में मैं तेरा आकार बनती हूँ,
तेरी हर चाल को दोहराती हूँ,
पर जब अंधेरा आता है,
तो मैं खुद अपने अस्तित्व को खो देती हूँ।"
"मैं तब तक हूँ, जब तक रोशनी है,
जैसे पहचान तब तक है, जब तक कोई देख रहा है।
तेरी दुनिया तुझे जिस रूप में देखती है,
वही मेरा भी स्वरूप बन जाता है।"
"लोग मुझे डरावनी समझते हैं,
पर क्या मैं सच में डरावनी हूँ?
या फिर मैं सिर्फ उन अंधेरों की याद दिलाती हूँ,

जहाँ लोग खुद को खो चुके होते हैं?"
"तू मुझे मिटा नहीं सकता,
ना मुझसे पीछा छुड़ा सकता है।
कभी मैं तेरे पीछे चलूँगी,
कभी तेरे आगे दौड़ूँगी,
पर मैं तुझे कभी अकेला नहीं छोड़ूँगी।"
मैंने छाया की बात सुनी और सोचा—
**"हमारा अस्तित्व भी ऐसा ही तो है,
जब तक कोई हमें देखता है,
तब तक हम परिभाषित होते हैं,
पर असल पहचान वो है,
जो अंधेरे में भी बनी रहे।"**
रात गहराने लगी थी,
और मेरी छाया धीरे-धीरे विलीन हो रही थी,
पर अब मैं न डर रहा था,
क्योंकि मैंने पहचान लिया था—
**"छाया का मिटना अंत नहीं,
बल्कि एक नए प्रकाश की खोज है।"**

⁕

धरती

मैंने झुककर धरती से पूछा—
"ओ धरती, तू कब से यूँ चुपचाप सब सहती आई है?
हर कोई तुझे रौंदता है, फिर भी तू प्रेम क्यों लुटाती है?"
धरती ने मुस्कुराकर कहा—
"मैं जननी हूँ, ममता मेरा स्वभाव है,
जो मुझ पर चलता है, वो मेरा ही अंश है।
हर बीज को अंकुर बना देना,
हर वृक्ष को छाँव देना,
यह मेरा कर्तव्य भी है, और मेरा प्रेम भी।"
"लोग मुझे काटते हैं, बाँटते हैं,
मेरे हृदय पर अट्टालिकाएँ बनाते हैं,
नदियों का रुख मोड़ते हैं,
फिर भी मैं शांत रहती हूँ।
क्योंकि प्रेम शिकायत नहीं करता,
वह बस देना जानता है।"
"मैंने ही सूरज की पहली किरण को महसूस किया,
पहली बारिश की सौंधी सुगंध बिखेरी,
पहली चीख को सुना, पहला स्पर्श सहा।
मैंने जन्म दिया, मैंने पोषित किया,
और जब सब कुछ ख़त्म हुआ,

तब मैंने समेट भी लिया।"

"जब मेरे आँचल को चीरकर,

लालच की फसल उगाई जाती है,

जब मेरे वक्षस्थल को छलनी किया जाता है,

तो भी मैं धैर्य रखती हूँ।

पर याद रखो, जब मैं क्रोधित होती हूँ,

तो पर्वत भी काँपते हैं, समंदर भी उफनते हैं।"

"मैंने प्रेम को सींचा है,

इसलिए सहनशील हूँ।

पर मेरी सहनशीलता को कमजोरी न समझो,

क्योंकि जब अन्याय बढ़ता है,

तो प्रकृति स्वयं न्याय करती है।"

मैंने अपनी मुट्ठी में मिट्टी उठाई,

उसकी सौंधी महक ने मुझसे कहा—

"सच्चा प्रेम वही है जो हर कष्ट सहकर भी मुस्कुराए,

और सच्ची सहनशीलता वही है जो प्रेम के साथ खड़ी रहे।"

धरती मुस्कुराई,

और मैं निःशब्द हो गया।

पानी

जब मैं धरती से बातें कर रहा था,
कुछ बूँदें मेरे गालों पर आ गिरीं,
मानो आकाश भी मेरे प्रश्नों को सुनकर रो पड़ा हो।
मैंने झुककर उन बूँदों को देखा और पूछा—
"ओ पानी की बूँदों,
तुम आसमान से गिरी हो या किसी की पीड़ा बनकर बरसी हो?"
एक बूँद हौले से मुस्कुराई और बोली—
"हम अश्रु भी हैं, अमृत भी,
हम जीवन का स्रोत भी हैं, और प्रवाह भी।
कभी नदियों की धारा बनकर बहते हैं,
तो कभी आँखों से गिरकर मौन रह जाते हैं।"
"हमारा अस्तित्व बहने में है,
रुक जाएँ, तो सड़ जाते हैं,
ठहर जाएँ, तो बर्फ बन जाते हैं।
लेकिन जहाँ भी जाते हैं,
कुछ न कुछ नया जन्मता है।"
"कभी हम खेतों की प्यास बुझाते हैं,
कभी तपते माथों को ठंडक देते हैं।
कभी झरने बनकर पहाड़ों से लिपटते हैं,
तो कभी दरिया बनकर समंदर में खो जाते हैं।"

"लेकिन जब हमें बाँध दिया जाता है,
तो हम क्रोधित भी हो सकते हैं।
जब हमें बेपरवाह बहाया जाता है,
तो हम विनाश भी ला सकते हैं।
हमारे साथ कैसा व्यवहार करोगे,
वही तुम्हारे हिस्से आएगा।"
मैंने मुट्ठी में एक बूँद भर ली,
वो फिसलकर नीचे गिर गई और मिट्टी में समा गई।
पानी हँसकर बोला—
"हम कभी मिटते नहीं,
बस रूप बदलते रहते हैं।"
"कभी नदी, कभी बारिश,
कभी आँसू, कभी बादल,
हम हर जगह हैं,
पर फिर भी हमें सहेजने की जरूरत है।"
मैंने आकाश की ओर देखा,
अब बादल हल्के हो चुके थे,
पर मेरे मन में पानी की गहराई उतर चुकी थी।
**"जो बहना जानता है,
वही जीवन को जीना जानता है।"
पानी ने सिखा दिया—
रुकना मृत्यु है, और बहना जीवन।**

· ❋ ·

उल्लू

निशब्द रात, घना अंधेरा,
चहुँ ओर पसरा था सन्नाटा घेरा।
चंद्रमा भी बादलों में छिपा था,
जैसे रात का रहस्य कोई गहरा था।
तभी किसी डाल से आवाज़ आई,
दो चमकीली आँखें मुझ पर झपकाईं।
वृक्ष की ऊँची शाख पर बैठे उल्लू से मैंने कहा—
"ओ रात्रि के प्रहरी, तू अंधेरे में ही क्यों देख सकता है?
जबकि हम सब उजाले के मोहताज हैं?"
उल्लू ने पंख फड़फड़ाए,
अपनी आँखों में एक गहराई लाए।
फिर धीमे स्वर में उत्तर दिया—
"जिसे देखने की चाह होती है,
वो अंधेरों में भी राह खोज लेता है।
सिर्फ रोशनी पर निर्भर रहोगे,
तो सच्चे ज्ञान से वंचित रहोगे।"
"अंधेरा डराने के लिए नहीं,
बल्कि सोचने के लिए होता है।
जिन्हें देखना आता है,
वे उजाले का इंतज़ार नहीं करते,

बल्कि अंधेरे में भी नज़रें खोलते हैं।"
"दुनिया उजाले की बातें करती है,
पर अंधकार के बिना प्रकाश अधूरा है।
जैसे दिन के बाद रात आती है,
वैसे ही हर सफर में धुंध छाती है।
पर जिसने अंधकार को समझ लिया,
उसने ही असली सत्य को पकड़ लिया।"
"मैं अकेला हूँ, पर खोया नहीं,
अंधकार मेरा शत्रु नहीं,
बल्कि मेरा साथी है।
जहाँ औरों की दृष्टि थम जाती है,
वहाँ मेरी यात्रा शुरू होती है।"
"यदि तू भी ज्ञान की खोज में है,
तो अंधेरे से डर मत,
बल्कि उसे गले लगा।
सिर्फ रोशनी में चलना आसान है,
पर जो अंधकार में भी बढ़े,
वही असली राही कहलाता है।"
मैं चुप था,
अब अंधेरा अनजान नहीं लग रहा था।
उल्लू ने जो ज्ञान दिया था,
वो किसी प्रकाश से कम न था।
**"अंधकार से भागने वाले,
कभी सच्ची रोशनी तक नहीं पहुँचते।
जो रात में देखने की हिम्मत रखता है,
वही नए सूरज की किरणें पाता है।"**

जुगनू

घना अंधेरा, स्याह रात,
जैसे किसी ने समेट लिया हो सारी बात।
हर ओर सन्नाटा पसरा था,
मानो रात ने खुद को ही निगल लिया था।
पर तभी एक नन्ही चमक दिखी,
घास के बीच, पेड़ों के तले,
मानो अंधकार के काले आँचल में
किसी ने स्वर्ण-तार टाँक दिए हों।
मैंने एक जुगनू से पूछा—
"ओ नन्हे दीप, इतनी छोटी तेरी रोशनी,
क्या तू इस अंधकार से डरता नहीं?"
जुगनू मुस्कुराया, अपनी लौ जलायी,
धीमे स्वर में बोला—
"अंधकार से डरूँ?
मैं तो उसी में जन्मा हूँ, उसी में पला हूँ।
पर मैंने सीखा है—
छोटी हो या बड़ी, रोशनी की अहमियत होती है।"
"मैं सूरज नहीं, जो आकाश में चमकूँ,
ना ही चाँद, जो हर रात दमकूँ।
पर जहाँ घना अंधेरा छाता है,

वहाँ मेरी छोटी-सी लौ भी उम्मीद जगाती है।"
"बड़े सूरज को तो सब पूजते हैं,
पर वो रात में किसी के साथ नहीं होता।
पर मैं?
मैं उसी घड़ी जलता हूँ, जब अंधेरा गहराता है।"
"जो खुद जलना जानता है,
वही दूसरों को राह दिखाता है।
रोशनी का मतलब बड़ा होना नहीं,
बल्कि सही समय पर चमकना है।"
"अगर मैं सोचता कि मेरी चमक छोटी है,
तो शायद ये रात और गहरी होती।
पर मैंने चुना कि जलूँगा,
चाहे थोड़ी देर के लिए ही सही,
पर अंधकार से हारूँगा नहीं।"
मैं चुप था, पर मन जाग उठा।
एक जुगनू की नन्ही रोशनी
मुझे जीवन का सबसे बड़ा पाठ पढ़ा गई थी।
**"रोशनी का माप मत देख,
उसका प्रभाव देख।
छोटी-सी लौ भी,
हजारों मन रोशन कर सकती है।"**

समय

समय की छाया, लहराता सागर,
सन्नाटा, एक बर्फीली साँस,
हर पल जैसे खो गया हो कहीं,
क्या यह सच था या बस एक आभास?
आंधी भी ठहरी थी, हवा भी रुक गई,
मानो समय ने खुद को कहीं थाम लिया था,
पर तभी एक क्षण झपका,
मन में एक नई रोशनी छाई, अनदेखी, अनजानी।
मैंने उस क्षण से पूछा—
"ओ समय, तेरी गति इतनी तेज,
क्या तू थमता नहीं कभी, क्या तू डरता नहीं?"
समय हँसा, एक लहर-सी खींची,
धीमे स्वर में बोला—
"मैं कहाँ थमता हूँ,
हर घड़ी एक नई राह पर चलता हूँ,
पर सच यह है—
तेरी चुप्पी में मैं बसा हूँ।"
"मैं दिन नहीं, जो सूरज में चमकूँ,
ना रात, जो चाँद के संग रातों को सँवारे।
पर मैं वो लम्हा हूँ,

जो तुम्हारी यादों में बसा है,
तुम्हारे अस्तित्व का आधार हूँ।"
"बड़े पर्वतों को सब पूजते हैं,
पर वो कभी भी इस वक़्त के साथ नहीं होते।
पर मैं?
मैं हर पल में जीवित हूँ, हर सांस में गूँजता हूँ।"
"जो समझता है समय को,
वो सच्चा ज्ञान पाता है।
बड़ी चीज़ों में उलझना नहीं,
बल्कि सच्चे क्षणों को पहचानना है।"
"अगर मैं सोचता कि मेरा वक़्त छोटे है,
तो शायद यह जीवन और भी खो जाता।
पर मैंने चुना कि जीऊँगा,
हर पल को जियूँगा,
चाहे कुछ लम्हे ही सही,
पर समय से हारूँगा नहीं।"
मैं चुप था, पर आत्मा जाग उठी,
एक पल ने मुझे जीवन का सबसे बड़ा पाठ दिया था—
"समय का मूल्य मत देख,
उसके प्रभाव को समझो।
एक क्षण भी,
हजारों दिलों को बदल सकता है।"
समय की बात नहीं,
समय की शक्ति समझो,
हर पल में एक अनमोल रत्न छुपा है,
बस उसे पहचानो।

झींगुर

गहरी रात, चाँद की हल्की रौशनी,
आकाश में सितारे, जैसे सोए हों सभी।
सर्द हवा की गूंज, शांत जंगल में,
सिर्फ एक संगीत था, जो गूंज रहा था दिल में।
तभी, दूर कहीं एक झींगुर ने अपनी तान छेड़ी,
ध्वनि की लहर, रात को गहरे में समेटे,
आवाज़ न थी कोई भय, न कोई डर,
बस एक छोटी सी ध्वनि थी, जो दिल से निकलती थी।
मैंने उस झींगुर से पूछा—
"ओ छोटे से संगीतकार, तेरी तान इतनी सरल,
क्या तुम्हें नहीं लगता कि तुम्हारी आवाज़ यहाँ,
गहरी रात में, खो जाएगी कहीं?"
झींगुर हँसा, अपनी तान और तेज़ करते हुए,
धीमे स्वर में बोला—
"क्या तुम समझते हो,
मेरे संगीत की ताकत क्या है?
मैं छोटा हूँ, पर मेरा गीत बहुत बड़ा है,
क्योंकि मैं उस समय में गाता हूँ,
जब दुनिया चुप रहती है,
जब हर आवाज़ खो जाती है।"

"मैं सूरज नहीं, जो दिन में चमकूँ,
ना चाँद, जो रातों को अपना रूप दिखाए।
पर मैं वही हूँ, जो रात को गूँजता हूँ,
जब हर दिल अकेला होता है,
जब अंधेरा गहरा होता है।"
"लोग कहते हैं, मैं एक छोटी सी आवाज़ हूँ,
पर क्या तुम जानते हो,
कि जब सब कुछ शांत होता है,
मेरी आवाज़ ही दिलों में उमीद जगाती है।"
"बड़े स्वर तो बहुत लोग सुनते हैं,
पर मुझे फर्क नहीं पड़ता।
मैं जानता हूँ—
मेरी तान वही सच्चाई है,
जो इस रात की हर सन्नाटे में गूंजती है।"
"अगर मैं यह सोचता कि मेरी आवाज़ छोटी है,
तो शायद यह रात और भी गहरी हो जाती।
पर मैंने चुना कि गाऊँगा,
अपनी छोटी सी तान के साथ,
भले ही कुछ देर के लिए सही,
पर मैं अंधेरे से डरूँगा नहीं।"
मैं चुप था, पर मन जाग उठे,
एक झींगुर की छोटी सी तान,
मेरे जीवन का सबसे बड़ा मंत्र बन गई थी—
"आवाज़ की लंबाई मत देखो,
उसका प्रभाव समझो।
छोटी सी ध्वनि भी,
हजारों दिलों में संगीत भर सकती है।"

झींगुर की तान में छिपी थी एक गहरी सच्चाई,
जो हमें सिखाती है—
छोटे से छोटे स्वर में भी,
बड़ी शक्ति समाई होती है,
बस उसे पहचानने की जरूरत होती है।

सड़क के दीप

रात का सन्नाटा, ठंडी हवा की गूँज,
अंधेरे में अकेला, सारा शहर चुप था।
पर अचानक, एक हल्की रोशनी ने चुप्पी तोड़ी,
जैसे कोई बीती याद, किसी के मन में जागी हो।
सड़क के किनारे, एक दीप जल रहा था,
लालटेन की मंद लौ, जैसे जीवन की बात कह रही हो।
मैंने उस दीप से पूछा–
"ओ दीप, तेरी रोशनी इतनी फीकी,
क्या तुम इस घने अंधकार से हार नहीं मानते?"
दीप मुस्कुराया, अपनी लौ और तेज़ करते हुए,
धीमे से बोला–
"अंधकार तो मेरी छांव है,
मैं उसी में जन्मा हूँ, उसी में पला हूँ।
पर मुझे क्या डर?
मैं जानता हूँ, मेरी छोटी सी रोशनी भी किसी के लिए बहुत बड़ी हो
सकती है।"
"मैं सूरज नहीं, जो आकाश में चमकूँ,
ना ही चाँद, जो रात में सबको निहार सके।
पर जब चारों ओर अंधकार छाया होता है,
तब मेरी छोटी सी लौ भी एक रास्ता दिखा सकती है।"

"बड़े दीपों को सब पूजते हैं,
पर वो रात में कभी नहीं होते।
पर मैं,
रात के सन्नाटे में अपनी लौ जलाए रखता हूँ।
कभी मंद, कभी तेज,
पर कभी भी हार नहीं मानता।"
"लालटेन से सीखा है मैंने,
जो जलता है, वही उजाला करता है।
रोशनी का मतलब बड़ा होना नहीं,
बल्कि सही समय पर जलना है।"
"अगर मैं यह सोचता कि मेरी लौ छोटी है,
तो शायद यह रात और भी गहरी हो जाती।
पर मैंने चुना कि जलूँगा,
भले ही थोड़ी देर के लिए सही,
पर इस अंधेरे को मैं स्वीकार नहीं करूँगा।"
मैं चुप था, पर मन जाग उठा,
एक दीप की छोटी सी लौ,
मुझे जीवन का सबसे बड़ा पाठ दे गई—
"रोशनी का माप मत देख,
उसका प्रभाव देख।
छोटी सी लौ भी,
किसी के दिल को रोशन कर सकती है।"
लालटेन की आंच में जो छिपी थी एक सच्चाई,
वह मुझे समझ आई—
जो खुद जलता है, वही दुनिया में उजाला करता है।
हर दीप की लौ, चाहे छोटी हो या बड़ी,

एक न एक दिन किसी की राह रोशन करती है।

धुंध

सुबह की पहली किरण, एक हल्की सी उम्मीद,
हर जगह चुप्पी, और आँखों में अजीब सी तन्हाई।
धरती पर फैली धुंध, जैसे सब कुछ छिपा हो,
कोई रास्ता नहीं दिखता, हर दिशा खो जाती हो।
मैंने उस धुंध से पूछा—
"ओ धुंध, तेरी ये चुप्पी,
क्या तुम भी रास्ते खो देने की तैयारी कर रही हो?"
धुंध मुस्कुराई, धीरे से फैली,
धीरे-धीरे बोली—
"राहें छिपाना मेरा काम नहीं,
मैं तो बस तुम्हें खुद से मिलवाने आई हूँ।
जो तुम नहीं देख पाते,
उसे मैं देखती हूँ,
तुम्हारे भीतर के उस डर को,
जो तुम्हें अपने सामने के रास्ते से डराता है।"
"मैं रास्ता नहीं छुपाती,
मैं तुम्हारे आत्मविश्वास को बढ़ाती हूँ।
तुम जो नहीं देख पाते,
मैं वही दिखाती हूँ,
तुम जो सोचते हो,

वही तुम्हारी आँखों में बंद कर देती हूँ।"
"बड़े रास्ते, चमकते हुए पथ,
कभी तुम्हारे लिए सही नहीं होते।
पर मैं?
मैं वही धुंध हूँ,
जो तुम्हें उसी अंधेरे में कदम बढ़ाने की हिम्मत देती हूँ,
जहाँ सब कुछ अजनबी होता है।"
"अगर मैं सिर्फ साफ दिखाती,
तो तुम कभी न समझ पाते,
कि असली रास्ता वही है,
जो मुश्किलों में छुपा होता है।
कभी न डरना,
कभी न थकना—
क्योंकि मैं तुम्हारे साथ हूँ,
तुम जितनी हिम्मत से चलोगे,
उतनी ही धुंध अपने रास्ते को छांटेगी।"
"अगर मैं खुद को साफ करती,
तो तुम कभी न जान पाते,
कि अंधेरे में भी एक रोशनी छुपी होती है,
जो तुम्हारे भीतर से चमकती है।"
मैं चुप था, पर मन में हलचल थी,
धुंध ने मुझे यह सिखाया,
"राहों की स्पष्टता से डरना नहीं,
धुंध में छुपी गहरी सच्चाई को पहचानना है।
जब तुम खुद को पा लोगे,
तब हर धुंध अपने रास्ते को साफ करेगी।"
धुंध में वह गहरी आवाज़,

जो मुझे समझाती है—
"कभी-कभी रुककर देखो,
कभी-कभी खुद को खोकर खोजो,
राहें वही हैं, जो हम खुद तय करते हैं,
चाहे धुंध हो या रास्ता साफ।"
धुंध अब मेरे भीतर भी है,
कभी दिखती है, कभी गायब हो जाती है,
पर हर बार, एक नई राह की ओर
मुझे वही बढ़ने की ताकत देती है।

सूरज

अंधेरे की गहरी चुप्पी, एक ठंडी रात,
सूरज की किरणें कहीं दूर, बादलों के पार।
हर दिल में ख्वाब, हर आँख में उम्मीदें,
पर रात की चुप्पी ने जैसे सब कुछ निगल लिया था।
तभी एक हलकी रौशनी ने अंधेरे को चीर दिया,
सूरज की पहली किरण, जैसे हर ख्वाब को नया जीवन मिला।
मैंने सूरज से पूछा—
"ओ सूरज, तेरी रोशनी इतनी तेज,
क्या कभी तुझसे भी अंधेरा छिप जाता है?"
सूरज मुस्कुराया, अपने प्रकाश को और फैलाते हुए,
धीमे स्वर में बोला—
"अंधेरा कभी मुझसे छिपा नहीं,
मैं उसी से निकलता हूँ, उसी में से बढ़ता हूँ।
मुझे क्या डर, मुझे क्या चिंता?
मेरे अंदर एक ऐसा शक्ति है,
जो हर रुकावट को पार कर जाती है।"
"मैं रात नहीं, जो कभी गायब हो जाऊँ,
ना ही चाँद, जो कुछ घंटों के बाद छुप जाए।
मैं वही हूँ, जो हर सुबह लौटता हूँ,
अपने प्रकाश से, हर छाया को दूर करता हूँ।"

"लोग सूरज की पूजा करते हैं,
क्योंकि मैं हर सुबह नया जीवन देता हूँ।
लेकिन क्या तुम जानते हो,
जब रात गहरी होती है, तब मैं सो नहीं जाता।
मैं अपनी राह, अपने समय पर चलता हूँ,
कभी नहीं रुकता, कभी नहीं थमता।"
"सूरज का मतलब सिर्फ प्रकाश नहीं,
बल्कि निरंतरता है, समर्पण है।
मेरे लिए रोशनी का मतलब सिर्फ चमकना नहीं,
बल्कि हर कठिनाई को पार करना है।"
"अगर मैं यह सोचता कि मेरी किरणें छोटी हैं,
तो शायद यह आकाश और भी अंधेरा होता।
पर मैंने चुना,
हर सुबह उठकर जलूँगा,
भले ही कोई देखे या न देखे,
लेकिन मैं अपनी रोशनी से दुनिया को जगाऊँगा।"
मैं चुप था, पर आत्मा में एक हलचल थी,
सूरज की ताजगी, उसकी शक्ति ने मुझे सिखाया—
"उजाले का माप मत देखो,
उसका प्रभाव देखो।
सूरज जैसी निरंतरता ही,
दुनिया को रोशन करती है।"
सूरज ने मुझे यह समझाया—
"जो हर दिन उगता है,
वही रातों की कठिनाई को पार करता है।
जिंदगी का असली उजाला,
हर कठिन रास्ते में है।"

सूरज की किरणें अब मेरे भीतर भी हैं,
हर सुबह, हर नये दिन,
एक नई आशा, एक नया विश्वास है।

दर्पण

धुंधली सी सुबह, एक धुंआ सा आकाश,
नर्म रोशनी में बसी एक छायादार सोच।
सपनों के बीच, हकीकत का बोध,
जैसे कोई साया, खुद से ही बिछड़ गया हो।
हर कदम पर हलचल, मन में उथल-पुथल,
कभी उम्मीदें, कभी भय का समंदर।
पर तभी एक दर्पण ने मुझे देखा,
सिर्फ चमक नहीं, वह मेरी आत्मा का रंग था।
मैंने उस दर्पण से पूछा—
"ओ दर्पण, तेरी जो छवि है,
क्या वह सिर्फ मेरा रूप दिखाती है?
क्या तू सच में जानता है,
मेरे भीतर क्या चल रहा है?"
दर्पण शांत था, अपनी नीली चुप्पी में,
धीमे से मुस्कुराया और बोला—
"मैं नहीं हूँ जो तुम्हें संपूर्ण दिखाऊं,
मैं सिर्फ तुम्हारी सच्चाई का आभास हूँ।
तुम मुझसे कुछ छुपा नहीं सकते,
मेरे अंदर तुम हो, तुम्हारी छवि है।"
"मैं तुम्हारे चेहरे का रिफ्लेक्शन नहीं,

तुम्हारे मन का दर्पण हूँ।
जो तुम सोचते हो, वही मैं दिखाता हूँ,
जो तुम छिपाते हो, वही मैं बयां करता हूँ।"
"तुम मुझे देखो, तो तुम्हारी आँखों में बसी वो छवि,
जो तुम खुद से छुपाना चाहते हो।
पर तुम भूलते हो—
मैं तुम्हारा पर्दा नहीं, बल्कि तुम्हारी आत्मा का रूप हूँ।"
"जो खुद को पहचानता है,
वो मुझसे न डरता है।
मेरा अस्तित्व तुम्हारी सच्चाई में समाहित है,
और सच्चाई से डरना नहीं चाहिए।"
"अगर मैं सिर्फ तुम्हारा रूप दिखाऊं,
तो यह सिर्फ बाहरी दृश्य होगा,
पर अगर तुम मुझे पूरी तरह से देखो,
तो मैं तुम्हारी आत्मा की गहराई होगी।"
मैं चुप था, लेकिन आत्मा में हलचल थी,
दर्पण ने मुझे समझाया,
"जो खुद को पहचानता है,
वो कभी खोता नहीं है।
तुम्हारे भीतर जो असली है,
वो कभी झूठ नहीं हो सकता।"
दर्पण से वह संवाद,
मेरे जीवन का सबसे बड़ा पाठ बन गया था—
"रूप से परे देखो,
आत्मा की सच्चाई समझो।
दर्पण में छिपी छवि,
तुम्हारी ही गहरी पहचान है।"

आओ, उस दर्पण में झाँको,
न केवल रूप बल्कि आत्मा का रंग समझो,
क्योंकि सच्चा रूप वही होता है,
जो तुम्हारी आंतरिक गहराई से झलकता है।

www.ingramcontent.com/pod-product-compliance
Lightning Source LLC
LaVergne TN
LVHW021255200726
843509LV00012B/1678